Date   /   /

Date   /   /

Date   /   /

Date   /   /

Date   /   /

Date   /   /

Date   /   /

Date   /   /

Date   /   /

Date   /   /

Date   /   /

Date   /   /

Date   /   /

Date   /   /

Date   /   /

Date   /   /

Date   /   /

Date   /   /

Date   /   /

Date   /   /

Date   /   /

www.ingramcontent.com/pod-product-compliance
Lightning Source LLC
Chambersburg PA
CBHW021920170526
45157CB00005B/2114